JN440813

노을에 사무치다

천안시인회 사화집

제17집 2011

오늘의문학사

노을에 사무치다

천안시인회

차례

유 희

노을에 사무치다

제17집

■ 권상기 ■

천안시인회

차례

권복례

노을에 사무치다

제17집

이병석

천안시인회

차례

■ 한정찬 ■

노을에 사무치다

제17집

한정순

유 희

- 1995년 《심상》 신인상으로 등단
- 시집 『우체통이 있는 길목에서』 『시간 위에 눕다』
- 심상시인회, 충남시인협회 회원
- 전주교대졸업. 한국교원대 대학원 졸업.
- 위례초등학교 교사
- yyuhee@hanmail.net

눈 내리는 밤

기억 상실증 발작하다

중력 차단장치가 고장나다

점묘의 풍경이 분해되다

뭇 생의 신분증이 삭풍에 찢기다

울고 웃던 모가지에서 백혈이 솟구쳐 날리다

이름 잃은 기호들 쌓여 길을 지우다

하얀 침묵은 정체가 없어지다

풋

실바람에
거미줄 살랑이면
설레어 뒤척이는
문풍지 마냥
기다리던 사람

누구였던가!
누구였던가?
새털구름
흘려 보듯
무심해졌다

안 보이는 사람
알 수 없는 마음 근처
떠다니던 환(幻)이
풋
풋

산 능선에
풋 잎

풋 내
먼 풍경으로 살아난다
먼 기억으로 사라진다

옹알이

동글게 빚어
마악 쪄낸
감자떡보다
보드라운 소리

목리 먹방골에 안마루에
따순 햇살 쨍쨍하니 구르듯
질마재 길 국화 향기
목덜미를 간질이듯
지평선 코스모스 길 지나
낙조를 품고 싶어 돌아보듯
자꾸 보고 싶은 소리
갓난 아가 옹알이

깊은 어둠 오로라 춤사위
휘감고 풀리는 소리
손뼉 치며 눈 맞추며
장단 맞추는 희망의 노래
은하수를 뛰노는
물수제비 소리

통역 없이도
자꾸 안고 싶은 뽀얀 옹알이
죽은 시인의 신작시 낭송이다

대인기피 증후군

말할 필요가 없어졌다
아무래도 허튼소리다

어울려 놀던 이들 끼리끼리
숨바꼭질 놀이 구경하다가 먼저 숨어버린
내 눈인사를 아무도 보지 못했겠지
내 수화는 날파리 쫓는 손짓으로 알았겠지

헛헛한 바람에 내 헛짓을 지우고
시간의 모퉁이에 기대어 산다

끼리끼리 어울려
돌아 서서 주고 감추어 받는
웃음이 눈빛이
어둠을 밝히는 가로등으로 서서
치부를 머리에 이고 세상을 밝힌다

눈물 말라 눈이 시리다
내 노안을 탓할 밖에
얼음송곳이 척추를 지른다

내 묵언의 계절을 탓할 밖에

해 저문 골목
모퉁이를 돌아서
그림자를 지우고
허깨비의 여생(餘生)이
시간 위에 눕는다

눈이 작아서

지긋이 눈뜨고
하늘 가장자리 둘러보는데
곁이 고요해진다
조는 듯 잠든 듯 잠깐
나는 고요의 중심이 된다

몸 밖으로 꿈을 키우던 시절이
깜박이는 네온등불 휘황한 신기루 미로였다
안개기둥을 세우던 늪이었다
선잠 들듯 지긋이 눈 뜨고
고요의 바깥을 붙들어 당겨본다

마음 문 밖 먼 길까지
대왕고래를 연민하는 등대 불 밝히듯
아무르박쥐 초음파장을 고갯마루에 날리듯
지긋이 뜬 눈에 맑아오는
정중동의 안부들

품에 안겨오는 노을빛 풍경, 그 풍경을 앞질러 날리는 가랑잎, 그 가랑잎처럼 파닥이며 쪼롱이는 어린 때까치들, 그

때까치처럼 천지사방을 제 방편으로 떠다니던 생이, 환이 슬며시 마음 문에 들더니 내 작은 눈 밖으로 나갈 길 잃고 내 몸에 스미어 잘 어울려 논다

만추(晩秋)의 어느 하루 저물녘
눈이 작아서 온몸 따뜻하다
내일 저물녘엔 마음 문 안 터에
밤톨 널어두고 홍시나무 까치밥 걸어둬야겠다
지긋이 눈 뜨고

노을에 사무치다

선달그믐 즈음
별밭 가장자리 한 켠 세 들고 싶어
노을에 젖고 싶어
꾸지나무골 해변 가는 언덕에서
신두리 사구(砂丘)로 가는 솔밭 길에서
파도리 몽돌 해변 곁 절벽에서
노을에 사무친다

해송 잔뿌리에 남은
오래된 그리움의 미열과
눈물샘 바닥에 마르고 갈라진
철부지 짝사랑 고백 편지의 기억과
심장이 따뜻한 적 없어 부르지 못한
연가의 희미한 음표와
지인들의 안녕을 비는 마지막 기도까지
노을 물드는 언덕에, 솔밭에, 절벽에
버리고 내려놓고 날려 보내고
노을의 뒤안길에 그림자도 사무친다

노을빛 파도의 혓바닥에

온 몸 내어주고
노을빛 구름의 부리에
더는 쓸 데 없는 살점을 떼어주고
노을빛 바람의 촉수에
회한이나 애욕을 터뜨리고
생의 마지막 풍경에 사무치고 싶다
갯마을 저녁밥상 짓는 굴뚝 연기처럼

권 상 기

▫ 천안 목천 출생

▫ 1992년 《한국시》 신인상으로 등단

▫ 시집 『조약돌』, 『침묵으로 남는 소리』

▫ 천안문협지부장 역임

▫ 공주교대, 순천향대학원 국어교육과 졸업

▫ 천안일봉초등학교장

▫ kg064@edunet4u.net

가을나무

생명의 약속을
말로 하는 나보다
가슴에 있는 말
빛으로 말하는
당신을 보면
내 말도
당신의 빛처럼 될 수 있을까 하고
가을 내내
당신 안에 있어 보지만
당신을 말로 하고 나면
이미 내 곁에는 없고
푸른 忍冬 후
당신을 보면
온통 빛의 향연
새 생명을 잉태할
내 집을 짓고 있습니다.

유모차

오후, 초등학교 운동장에
빈 유모차를 끌고 있는
어머니 같은 노인이 있다
노인이 유모차를 끌고 있는 것인지
유모차가 노인을 끌고 가는 것인지
원심력 같은 삶의 무게
아침 신문에 "인생 2막, 꿈꿔라. 준비하라 저질러라…"는
기사가
오늘따라 다초점 안경에 선명하게 보인다
노동의 축복
1987년 6월 10일 최루탄에 맞선 대학생들
2011년 6월 10일 반값 등록금 요구 동맹 휴업 대학생들
어느 쪽도 아닌 저녁노을이
살아 있는 사람들에게 얼굴을 붉히고 있다

빈 유모차가 언덕을 오르고 있다.

새순

참고 참았던
대지의 간지러움
한꺼번에 터져 나온
웃음보따리.

풍선 꽃

하늘을 향하여
놓아버린 풍선 꽃
살면서
아깝다. 아쉽다 하면서
욕심의 무더기에
아직도 바라보는 씨눈
또 다른 풍선 꽃
가슴에 묻고
지나온 시간을 곁눈질하며
늘 혼자 이야기 하는
까만 씨앗.

천안시인회

권 복 례

□ 대전에서 출생
□ 충남고등학교, 공주교육대학교 졸업
□ 《해동문학》 으로 등단
□ 천안시인회, 천안수필문학회, 천안문협 회원
□ 시집 『하나님의 해답』 (99,오늘의문학사)
□ 현 : 천안용암초등학교 교사
□ http://member.kll.co.kr/kbr51

2011

사랑은

저 깊은 바다 청정지역에서
지금 막 건져 올린
미역 냄새다
사랑은

인주성당 입구 그 낮은 언덕
느티나무에 있는
그늘의 시원함이다
사랑은

시간표

듣기 말하기, 듣기 말하기, 수학, 슬기로운 생활, 창의적 체험활동
오늘,
2011년 11월2일 수요일
우리 반 시간표다
듣말 시간은 책을 통하여 알게 된 사람을 소개하는 시간이다
세종대왕을 소개했다
집현전과 훈민정음,
해시계와 물시계
백성들을 사랑하신 이도, 세종대왕을
아이들과 함께 이야기 했다
수학시간에는 민이가 수학문제 열 개 중에
일곱 개가 틀려서 꾸중을 들었다
급식실에서 점심을 먹었다
빈 그릇 운동 기록지에
―배가 아프다고 엄살을 부리는 지은이와
세 명이 ×표를 받았다
슬기로운 생활시간에
도구를 이용하여 코스모스 다섯 송이를 만들어

가을을 교실 안으로 불러 들였다
핑킹가위로
코스모스 꽃 끝을 오려주는데
여덟 명이 아직도 색종이만 주물러 터치고 있다
— 얘들아, 나중에 어른이 되어서 여자친구, 남자친구 생기면 이쁜 카드 만들어서 줘야 잔아. 얼른 만들어 봐 —
— 하하하하하하하 —
결국 하교 시간까지 완성 못하고 두 명이 집으로 갔다

졸린 눈을 비비며
뿌리 깊은 나무를 시청하고 잠자리에 들었다
꿈속까지
세종대왕을 따라 다녔다

천리포수목원

천리포 수목원에 다녀 온 날 밤은
이 세상이 다 내 것인 것 같습니다
내게 주어진 것은
천리포수목원에서 만난 꽃과 나무들을 배경으로
찍어 온 사진 몇 장이
전부인데
나는 큰 부자가 된 것 같은 밤입니다

몇 억 만 년 전의 습지와
호랑가시나무원을 지나
키 작은 나무와 큰 꽃들
키가 큰 나무와 작은 꽃들
그리고 해안 전망대에서 바라본
서해바다의 잔잔한 저녁노을이
나의 배경이 되어주어
이 밤 나는 아주 큰 부자가 되어
행복한 밤입니다

내 배경이라는 것이
밥벌이도 안 되는 시인과

37년을 초등학교 선생인 것이 전부인데
천리포수목원의 꽃과 나무를 심고 가꾼
푸른 눈의 한국인 민병갈설립자의 환한 미소와
나무, 꽃, 바다가
나의 배경이 되어 준 이 밤이
아름답습니다

오늘 아침

이른 아침에
어머니의 전화 한통을 받았다
여든 여섯의 어머니는 자꾸만 웃으신다
웃고 또 웃고
또 웃으신다
자꾸만 웃으신다
애미야, 생일 축하한다
아버지 추도예배 날 모두 모여 밥 먹자
따신 밥 먹자

세월 속으로

참으로 오랜만에 서점에 들렀다
캐나다에 있는 외손녀의
우리말 그림동화책을 고르다가
옆 좌판에 가지런히 놓여 있는
시집 한권을 집었다
— 현장비평가가 뽑은 올해의 좋은 시—
라고 책 표지에 쓰여 있는 책은
일흔 두 명의 시인들의 시가
해설과 약력과 사진을 첨부해서 220쪽으로 안내하고 있다
그날,
저녁시간에
책장을 펼치니
이상의 시보다 더 난해한 시들이
내 머리를 어지럽게 한다
70년 80년에 태어난
내 자식 같은 또래들의 시어는
도무지 알 수 없는 세계다
난해 한 그림 앞에 선 것처럼

세월이 참으로 많이 흐르고 흘렀나 보다

둥지

우리 집과 이웃집 동 사이에는 키가 큰 나무가
한그루 서 있습니다
옆으로는 가지가 커나가지 않고
키만 크는 이 나무는
우리 집이 6층인데 내가 거실에서
바라보면 내 눈높이와 똑 같습니다.
며칠 전부터
다정한 까치부부가 집을 짓는 모습이 그대로 보입니다
가까이 다가가서 바라보니
둥글게 지은 집은 사람이 만든 것 못지않게
정교하게 지어지고 있습니다.
아마도 머지않아 알을 낳고 알을 품을 모양입니다
퇴근길에 아파트 정문 앞에
— 최선을 다하여 정원수를 정지 작업하겠습니다 —
현수막이 바람에 날리고 있습니다
— 관리실에 전화 안 해도 알아서 정지작업 잘하겠지요.
까치집 다치지 않게—
그 다음날 퇴근길에 까치집을 바라보니
까치집 바로 위에 있는 나뭇가지까지 정지 작업을 해
까치집이 더 잘 보이네요

그리고,
까치집에는 까치가 없는
빈 둥지만 남았습니다

나처럼,

내 사랑처럼

삼월의 거리에서
노랑 꽃대 몇 개 나온
작은 화분 쥬리안을 샀다

창가에 놓아두고
해질 무렵에 바라보니
꽃들은 모두 다 창밖을 바라보고 있다
내 사랑처럼

내가 창밖으로 그대를 기웃 이듯이
꽃들도 창밖을 기웃거리며
누군가를 기다리고 있는
삼월이다

봄 5

우리 집 뒷산에서 나무들이 옷을 벗나보다
옷 벗는 소리 들리고
그 부끄러운 모습 보여주기 싫어
안개가 비처럼 내리고 있나 보다
그 옷 다 벗고 나면
산은 또 다시 내 곁으로 가까이 오리라
그리고 산을 오르는 둘레 길에 있는
벚꽃이 꽃샘추위를 다 이기고
느지막하게 피리라
나무들 옷 벗는 소리에
자꾸만 깊은 잠을 못 이루고
새벽녘에 눈을 뜨니
산은 또 다시 내 곁으로 가까이 오리라
그리고 산을 오르는 둘레 길에 있는
벚꽃이 꽃샘추위를 다 이기고
느지막하게 피리라

우포 가는 길

지난밤에 내린 여름 장맛비가
우포늪으로 가는 길을 막고 있었다
우포늪과 나 사이에 있던 그리움 같은 것
아니,
정확하게 이야기하면
짝사랑 같은 것
늘 우포늪을 그리워했다
세상 풍파에, 이렇게 말하면
이 세상 그만큼 세상 풍파를 견디지 않은 사람이
뉘 있겠느냐고 물어보겠지만
나의 열 살 때와
스무 살, 서른 살, 마흔 살, 쉰 살…….
어떤 날은 우포늪의 잔잔함처럼
어떤 날은 우포늪 그 깊은 수면 속
알 수 없는 흔들림 같은
살아 온 날들,
우포늪으로 가는 길을 막은
장맛비에도
원대한 원시림으로 그 곳에 그렇게 있었다
오래된 애인처럼,

이병석

- 1955년 당진 신평 출생
- 1992년 4월『문예사조』신인상으로 등단
- 시집 『끈에 관한 명상』
- 충남문협, 서안시 회원
- 2001년 충남문학 작품상 수상
- cord21@hanmail.net

밥맛

내가 한 밥 내가 먹으면
밥맛 좋다.

남이 한 밥 내가 먹으면
밥맛 되다.

내가 한 밥 남이 먹으면
밥맛 참 달다.

동지섣달 그믐밤

내가 돌을 놓고
당신이 돌을 놓고

내가 돌에 돌을 얹고 당신이 돌에 돌을 얹고
내가 돌 하나 더 얹고 당신이 돌 하나 더 얹고
내가 돌 하나 더 고이고 당신이 돌 하나 더 고이고
내가 돌 하나 더 포개고 당신이 돌 하나 더 포개고

내가 돌을 쌓고
당신이 돌을 쌓고

돌마다 빛깔도 모양도 계절도 다른데. 하고 싶은 말도 다른데
이리 보나 저리 보나 돌탑은 그저 돌탑인데, 볼품없는 돌탑인데
되돌릴 수 없는 허물 수도 없는, 탑 밑에서
돌들이 자꾸만 안쓰러워지는 이 밤, 동지섣달 그믐밤.

돈을 떠나서

작가 변영환 작품전
돈을 주제로 한 퍼포먼스, 작품전시
지인들이 많이 모였다.
덕담을 건네고 격려 박수를 치고

작품마다 한마디씩 한다.
작가는 미소만 띠고 있다.

물질을 물질로만 보지 말고
손때 묻은 속사정도 살펴야 하느니
돈을 떠나서
나, 축의금 오만원 내고 왔다.

노래방에서

사랑, 사랑을 위하여, 사랑의 이름표, 사랑의 트위스트, 사랑의 미로, 사랑했어요, 사랑했지만, 사랑은 아무나 하나….

쌓이고 쌓인 사랑노래 중에서
정작 내 노래는 못 찾고

박자도 놓치고,
음정도 놓치고,

노래방을 탈출했다. 사랑을 위하여

胎인대로 살게

끼어들기에 능숙해야 남 굶을 때 밥 먹고 남 걸을 때 차타고 비행기 탄다고 출근시간에 지각 않고 승진 경쟁에서 앞선다고 약삭빠른 놈이 공짜여행 가고 아파트에 당첨된다고 재주껏 비집고 들어가야 뒤처지지 않고 선진 보통시민으로 살아갈 수 있다고

이게 보편적 처세라고 다들 그런다고 덩달아 끼어들다 머리 깨지고 팔 부러지고 앞 뒤 분간 없이 만신창이 됐다고 출근길 새치기 잘못하다 차 눈 빠지고 이마 깨지고 옆구리 움푹 찌그러들었다고

그러니, 무재주가 재주라네 胎인대로 살게.

어머니, 요실금

의지가 의지가 아니고
근력이 근력이 아니고

수족이 풀리고
근육이 풀리고

몸 빗장 풀리고

팔십 평생 진기 다 쏟아놓고
哀子만 남겨놓은 어머니, 요실금.

용침

항상 숙여라, 집 나설 때는
함부로 내닫지 말고 나서지도 말고
남 얘기에 귀 기울여라
늘 공손하고
머리 숙여라
4대 독자이신 우리 아버지는
5대 독자를 면한 내게
하루에도 열두 번씩 다짐을 하셨다.
용침을 놓으셨다.
행여 엇나갈까
웅석으로 자란 내 머리에
뽑지 못할 침을 놓으셨다.
시간이 지나도 결코 무뎌지지 않는
용침, 갈수록 깊숙이 박힌다.

木蓮이 피고 있다

(봄이다. 봄은 겨울의 노후다)

기상관측 이래 유례없는 폭설, 혹한을 비집고
두 발로 꽃피우는 나무가 있다.
바다 깊숙이 물구나무서서 천년 생명력을 길어 올리는
저, 싱크로나이즈의 찬란한 발춤!
새하얀 맨발, 채 녹지 않은 자줏빛 맨발!
잔설 녹이며 맨발로 꽃피우는 나무가 있다.
참을 수 없는 부존재의 존재로 살아온
전쟁의 상흔이 평생 문신이 된 나무
할아버지 할머니 아버지 어머니 형제자매, 처자식
위로의 의무와 아래로의 책무를 숙명으로 살아온
제대로 먹도 입도 배우지도 못하고 생존의 바다
질곡의 갯고랑 진흙펄에서 억척으로 살아온 나무
자빠져 코가 깨져도 발딱 일어서 뛰고
거꾸로 매달아도 억쿨지게 목숨 움켜쥐고
허허벌판에 맨몸으로 내놔도 지악스레 살림 일궈온
암 수술 후에도 하루도 못 쉬고 출근하는 나무
다 퍼주고 껍질만으로도 더 퍼줄 게 남은
알칼리로 남기 위해 핏줄이 산성이 된 나무

바다 깊숙이 얼굴을 묻고 하늘 향해 발 뻗고 있다.
칠흑 갯고랑으로부터 연꽃이 피고 있다.

(봄이다. 봄은 겨울의 찬란한 노후다)

엄마, 같이 가!

서너 살 꼬마아이가 앞서가는
제 엄마에게 말했다.
엄마, 같이 가!
부러웠다. 넌, 좋겠다.
엄마가 있어서 참, 좋겠다.
심란했다. '엄마, 같이 가'
따라갈 수 없어서
앞서가신 어머니 따라갈 수 없어서
하늘 비고 땅 허전할 때
막막할 때
고개 떨구고 찾아드는 곳
더 갈 수 없는 내, 종점
서너 살 꼬마가 어머니 봉분 앞에서
'엄마, 같이 가' 목이 메이고 있다.

고민이다

조묘순 시인댁에 갔더니
앞 상가에 '황금 김밥' '웃는 정육점'
'겨자씨 음악학원'이 있었다.
콩알만한 내가 겨자씨만한 세상에서
살아남으려면
'황금 김밥' 집으로 갈까 '웃는 정육점'으로 갈까
고민이다.
죽는 날까지 고민거리다.

나무도 뿌리를 放下着하면

나무도 가운데 기둥뿌리가 빠지면 날개를 달고 큰 하늘로 훨훨 날아오를 수 있다는 사실을 최근에야 알았다. '목련이 피고 있다' 졸시를 '천안문학'에 발표하고 받아본 책에서 제목이 '木蓮이 피고 있다'가 아니라 '大蓮이 피고 있다'로 바뀐 사실을 알고 깨달았다. 나무도 가운데 기둥뿌리를 放下着하면 큰 날개를 달고 승천하여 하늘을 자유로이 활보할 수 있다는 참으로 기묘한 사실을 깨달았다.

알았다, 아프고 나서

아프고 나서 알았다.
매일 반복되는 일상도 어제 오늘 다르고
매일 아침 뜨는 해도 어제 오늘 다름을
같은 길을 걸어도 어제 오늘 다르고
늘 제자리에 있는 산도 어제 오늘 다르다는 것을
어제의 바다가 오늘의 바다와 다르다는 것을
알았다 모든 게 변화되고 있는데도 깨닫지 못하고 살아왔음을
인간은 매순간 변화되어가는 존재이고
인간의 삶은 과거형도 미래형도 아닌 현재진행형임을
철들어간다는 게 변화되어가는
스스로의 모습을 깨달아가는 과정임을
알았다, 크게 아프고 나서

아니 불, 아니 부

불편 부당 불합리한 부조리로 인해 부정부패가 만연하고 불목과 불화가 끊이지 않으니 민백성의 불만은 고조되고 서민들의 생활고는 갈수록 악화일로에 치달아 불평등 부조화의 양극화가 심화되었느니 서민들은 부존재의 존재로 치부되었느니 위정자와 국민 기득권자와 소외계층의 의사소통은 불통이고 중재자는 부재중이라 부지불식간에 경제공황이란 대형 대인지뢰가 폭발일보직전으로 상황이 급박하게 전개되어 서민들의 기본적인 삶마저 위협받게 되었는바 생존을 위해 죽음마저 불사하겠다고 너도나도 길거리로 뛰쳐나오는 이른바 시위공화국의 불사신처럼 떠억 버티고 있는 나랏일에 앞장서시고 계시다는 분들 국가경제를 쥐락펴락하고 계신 분들 평생 불면에 시달리고 불안에 떨지 않으시려거든 이 주문을 암송하시지요. '아니 불, 아니 부'

허기

먹은 매화 그을음을 먹고 벼루는 매화향 먹을 먹고 붓은 벼루와 먹이 뜨겁게 살 부벼 짜낸 애액을 먹고 종이는 알몸으로 붓을 끌어안고 덩더쿵 덩더쿵 天地人을 온몸으로 풀어내는데 문방사우 밖에 배곯고 있는 나는 붓은 잡아보지도 못하고 입으로만 하늘 천 따지 가마솥에 누룽지!

싸리꽃

철부지 종아리에 피어난 꽃
선홍빛 응혈이 말한다.
석삼자 상흔이 말한다.
참을 忍 셋이면
하늘 땅 사람 모두
한가슴에 품을 수 있느니
진한 향도 품을 수 있느니

한 정 찬

13권의 시집, 2권의 시전집을 발간했으며,
한국문인협회원 천안지부장 역임.
현재 한국문인협회원, 국제펜한국본부회원,
한국공무원문학협회 부회장, 월간소방문학 발행인
등으로 활동하고 있고, 근정포장, 옥로문학상,
농촌문학상 등을 받았다.
현재 경상북도 소방학교 교학과장으로 일하고 있다.

hcc321@korea.kr http://sobang.kll.co.k

천안역에서

천안 서울 간 전철 개통 날 '서울특별시 천안구'가 중앙 일간지 신문 1면에 헤드라인으로 장식 할 때 블랙홀에 빠진 것처럼 먹먹해진 가슴앓이, 천안에 산다는 이유로 천안에 오래 살았다는 걸로 '전철 개통 바람에 혹여 부자 된 게 아니냐'는 시골친구의 농 섞인 말에 헛웃음만 애써지은 일, 오늘따라, 눈시울 붉어지는 일은 단기학사장교로 군복무 하는 울 막내 서울소재 학교 다닐 때 새벽 첫 전철로 통학한 한 일이 미안하고, 내가 서울소재 직장 다닐 때 새벽 첫 전철 타고 출근한 일 자꾸 생각 나.

도고온천역 터에서

영원할 것만 같았든 도고온천역이 보다 더 빨리, 경제 속도전에 문(門)을 닫았다. 막(幕)을 내렸다. 기(旗)를 내렸다. 인적(人跡)이 끊어졌다. 아, 아직도 천천히 가는 법, 천천히 사는 법을 내 가슴 속 추억으로 고이 간직하고 있는데. 아, 앞으로 다시 올 보다 더 빨리, 경제 속도전에 오늘이 흔들린다. 내일이 참 수상하다. 영원은 안 보인다. 형상은 절대가 아니다.

* 장항선 이설로 이전되어 폐역이 된 도고온천역(충남 아산시 도고면 신언리 소재)

사월초등학교 터에서

아직도 손풍금소리 들려오고, 땡땡땡 학교 종이 울리면 아이들 소리가 왁자지껄 들려 올 것만 같은데, 산업화의 물결 타고 떠나고 남은 이들 가슴에 아련한 추억을 간직한 채, 문(門)을 닫고 만 초등학교. 아, 아직도 내 마음 속의 풍경은 예전 초등학교 시절의 그리움만 쌓이는데, 아 앞으로 다시 기대해 보는 귀농현상의 명제에 베이비 붐 세대의 고뇌가 다가오는데 오늘이 안 보인다. 내일이 안개다. 추억은 그리움이다. 세월의 여울목에 젖은 가슴이 여민다.

* 폐교 된 사월초등학교(경북 안동시 임동면 사월리 소재)

바람이 불고 있다

칡넝쿨에 칭칭 감겨
숨 제대로 한번 못 쉬는
나무들이 안타깝다.
산에 산에는
봄 여름 가을 겨울
늘 바람이 불고 있다.

탄저병의 쓰나미에
온통 타고 말라 죽어버린
농작물이 안타깝다.
들에 들에는
봄 여름 가을 겨울
늘 바람이 불고 있다.

신선문답(新禪門答)

알 것 같기도 하고
영영 모를 것 같기도 하고
어디서 본 것 같기도 하고
어디서 들은 것 같기도 하고
문제와 답을 뒤집어 보면
소설 같기도 하고
시 같기도 하고
속마음 못 읽고
형상을 고백한다면
혹여,
이렇게 고백하는 것에도
스님, 노스님이
혀 차고 계실지 몰라
부처님이
돌아앉을지도 몰라.

알기나 할까

산에 사는 새는
제 가슴만한
외로움을 품고 산다.

산에 피는 꽃은
제 크기만 한
그리움을 안고 산다.

산모퉁이 돌아
포롱 포롱 나르는
새는, 정말
외로움을 알기나 할까?

산그늘에 자리한
허리 굽은 앉은뱅이
꽃은, 정말
그리움을 알기나 할까?

미련한 미련을 못 버리고

바람이 붑니다.
일상의 벗어 난 이 한때
내 가벼운 발걸음 위로
소슬한 바람이 붑니다.

나, 이제 무거운 이 짐 내리고
먼 길 가지고 갈만한 차비로
미련한 미련을 못 버리고
나 조용히 나갑니다.

내 마음의 양식을 믿습니다.
내 행동의 양심을 사랑합니다.
내 판단의 양형을 소망합니다.

바람이 붑니다.
일상의 벗어난 이 한때
내 가벼운 발걸음 위로
소슬한 바람이 붑니다.

연자매 연가(戀歌)

우마(牛馬)는 어디 가고 연자(硏子)매만 남았는가, 사람들은 천년을 돌고 돌아 천신(天神) 지신(地神) 조상신(祖上神)을 섬겼어라. 그대 삶의 무게가 한없이 힘겨워 어지러울 때는 이곳에 곧바로 와 보시게나. 그대 맞이할 반가운 까치떼 소리가 한 천만년쯤은 더 불어대는 향긋한 바람에 실려 아무것과 바꿀 수 없을 것일세. 언제나 봄 여름 가을 겨울 반가운 바람맞이 할 요량의 사계(四季)채비를 보시게나. 그대, 그대여! 돌고 도는 인생길 구비 구비마다 힘겨우면 이곳에 부담 없이 와 연자매를 보시게나.

반송(盤松)의 증언

아느니라. 다 아느니라. 그대 할아버지에 그의 할아버지의 속마음도 다 아느니라. 보았느니라. 다 보았느니라. 그대 할머니에 그의 할머니의 솜씨도 다 보았느니라. 겪었느니라. 다 겪었느니라. 조선시대, 왜정시대, 8. 15, 6. 25, 새마을 다 겪었느니라. 놀다갔느니라. 다 놀다갔느니라. 이 마을에 살다간 처자들 그네 타고 다 놀다갔느니라.

내 사랑니에 대해서

비오는 날 치과병원 로비에 앉아
비에 젖은 음악소릴 듣고 있으면
내 영혼에 심금 울리는
저 무수한 음절 사이로
치과 기구 작동하는 소릴 타고
내 마음의 풍금소리가 난다.
마흔 한 살에
오른 위 사랑니 한 개,
그 후 쉰여섯 살에
왼쪽 위아래 사랑니 두 개 발치했다.
언제쯤 오른 쪽 아래 사랑니 발치할까.
비에 젖은 마음으로 생각하는데
벌써 내 입안에선
내 생애의 맷돌이 돌아간다.

결국, 이 한 때도

영웅호걸들이 힘 겨뤘던
산 능선 허물어진 성터에서
흰 구름을 보고 있으면
이 한 때도 지나가는 걸요.

만석꾼이 대대로 살았다는
한들 가 허물어진 집터에서
바람맞이로 눈 들어보면
이 한 때도 지나가는 걸요.

사람들은 더 큰 명예를 얻기 위해
기본을 무시하는 일 있어도
사람들은 더 큰 부자가 되기 위해
원칙을 일탈하는 일 있어도
결국, 이 한 때도 지나가는 걸요.

숲들의 전쟁을 보고

한동안 숲들과 같이 지내다 보니
무수한 숲들이 몸살을 앓고 있는 걸
너무 많이 봐 가슴 아파요.

칡이랑 다래랑 이런 줄기 식물들이
주변 나무들을 칭칭 감아 숨통 조이고 있어요.
그도 모자라 감은 나무들의 온몸을
잎들로 덮어 고사시키고 있어요.

안쓰러운 맘 추스르고 눈 돌려
오늘 아침 일간지 조간신문을 펼쳐보니
사람 사는 세상에는 이보다 더한 일들이
곳곳에서 종종 벌어지고 있어요.
칡이랑 다래랑은 기는 줄기식물이라 치더라도
사람들은 같은 만물의 영장인데도 그래요.

나무들과 사람들

나무들은 일 년에 한번 죽고 한번 살아나
일생을 나이테로 그들의 형상을 이루어 가지만
사람들은 있지도 않는 영원을 기대하며 죽는 날까지
아귀 같은 미련을 못 버리고 욕심의 곳간을 채운다.

나무들은 버림의 미학을 미리 안다.
나무들은 죽었다 살아나는 그 고뇌로
나이테로 선명한 이력을 쓰고 있다.

사람들은 거머쥐는 미련을 알지 못 한다.
사람들은 영원히 산다는 자기도취에 빠져
티끌만도 못한 자서전을 쓰고 있다.

요즘 산골에는

예전 산골에는 감꽃이 피고 질 때는
고양이 손도 빌린다는 말이 있었다.
요즘 산골에는 그런 말이 이제 유효가 아닌
사문화로 고착되어 버렸다.

사람들이 우주다.
사람들이 꽃이다.
사람들이 없는 산골에는
들짐승들의 서식지가 되고 있다.
그저 공허한 난장판이 되고 있을 뿐이다.

단풍

와, 저 단풍 좀 보시게.
지난 여름내 내 마음에
염장 질러온 그대가
이제와 사랑의 불 피워놓고
그대 한 눈 팔아버린 걸
어찌할 건가.
이제와 어찌할 건가.

와, 저 단풍 좀 보시게.
지난 여름내 내 가슴에
상처 키워온 그대가
이제와 사랑의 불 질러놓고
그대 두 눈 멀어버린 걸
어찌할 건가.
이제와 어찌할 건가.

한 정 순

- 《시와 시론》으로 등단, 문학박사
- 천안시인회, 천안문인협회, 충남시인협회 회원
- 호서대학교 국문과 겸임교수

41번지 정미소 안드레

대학 마지막 등록금처럼 아찔한 일
버틸 때까지 버틸 수 있는 힘을
자궁에서 배웠단다.
낯선 빛의 눈동자와
늘어트리지 못하는 혀
그들은 태생부터 달랐다.
허기 같은 서류봉투에
드림을 드린다는 거짓된 꿈을 담고
버텨왔지만
이제는 돌아가고 싶다고
어색한 이방언어로 울먹이는 너를
가끔 제 속도에 가위눌리는 시간을
무어라 말해줄 수 있을까
대못 박힌 손에 파르르 떨리는
손 끝
곤한 피로가 밀려와
네 고국의 소식 전하는 말
너는 태생이 농경주의자가 아니야
이것으로 됐다.

포도밭에서 용서하다

달아오른 나뭇가지 속
한 번도 꽉 차 오르지 못했지
몇 번은 숨 막혀 울었을지도 모르지
네 살과 내 살이 으스러지게
차오를 때
달밤에 하나가 되었을지도
누구도 모르지
외롭다 부둥켜안고
몇 날을 숨죽여 봐도
끝끝내 송이로 남아
나도 없고
너도 없는 포도밭에서
용서를 배웠다

눈 길

어머니 걸어가신
눈길을 따라 걷는다
줄참나무 가지 휘어진 곳에서
서걱 서걱 떨어지는
눈다발을 어깨로 맞으며
가만 가만 걷는다

적막한 고요가
이명이 되어 들려온다
어머니 마른기침처럼
눈길에선 쓸쓸하다

어머니 걸어가신
눈길을 걷는다
그 몸뚱아리
얼마나 가벼웠기에
눈발자국에 덧댄
내 발자국 더 깊이 파이는데
어머니 속 깊은 웃음 생각에
마음이 미어져 가슴팍 통증이
눈처럼 아프다

굽은 등을 보는 시간

— '가젤' 이라는 이름의 말*

푸른 눈동자는 은밀하다
고통의 한때를 자박 자박 넘나들듯
전생의 이력을 다 담고 있는
푸른 눈동자는 밀담이다

말의 눈동자를 세밀하게 보고 있다
갑자기 눈물이 난다
응시하는 곳 하나 없는 눈동자
그 쓸쓸함에 기대어 있는
한 남자의 굽은 등을 본다

내 온 몸이 푸른 물에 젖는다
갑자기 우울해지는 마음 끝
그 끝에 무엇인가 찾는 내 눈동자
푸른 물이 들기에 내 눈동자는
늘 불안하다
초점이 낯선 눈동자가 온몸을 휘감는다
굽은 등이 펴지듯 푸른 눈물이
발등에 뚝 떨어진다.

* 프랑스 화가 로트렉의 작품명

심심한 저녁

탯자리 하나 뚝 떨어져 나간다
누런 떡잎 떼내듯
내 손 끝이 아프다
아픈 손끝에 허기가 몰려온다

언제 부턴가 집 앞 가로등 불빛이
흐려지기 시작했다
고정 시력으로 세상을 넉넉히 보며
지내온 날들이 저녁마다 흠집 난 가구처럼
버려지기 시작했다

기억해야 하는 것이 아픔이 되는 나이를
잘 견뎌왔다
또렷이 기억되는 집 앞 가로등 불 빛
이제는 무심히 피는 꽃의 일과처럼
상서롭지 않은 심심한 저녁이
내 탯자리처럼 익숙하다.

노을에 사무치다

천안시인회 사화집
제17집 · 2011

펴낸날 / 2011년 12월 15일
펴낸이 / 천안시인회
http://cafe.daum.net/poet041

발행처 / 오늘의문학사
대전광역시 동구 삼성1동 125-6 한밭오피스텔 401호
Tel(042)624-2980 Fax(042)628-2983
등록 / 제55호(1993년 6월 23일)
홈페이지 www.lito77.co.kr
E-mail : hs2980@hanmail.net
ISBN 978-89-5669-474-0

값 8,000원

*잘못된 책은 바꾸어 드립니다.

*이 책은 충청남도 문화예술진흥기금으로부터
제작비 일부를 지원받았습니다.